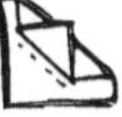

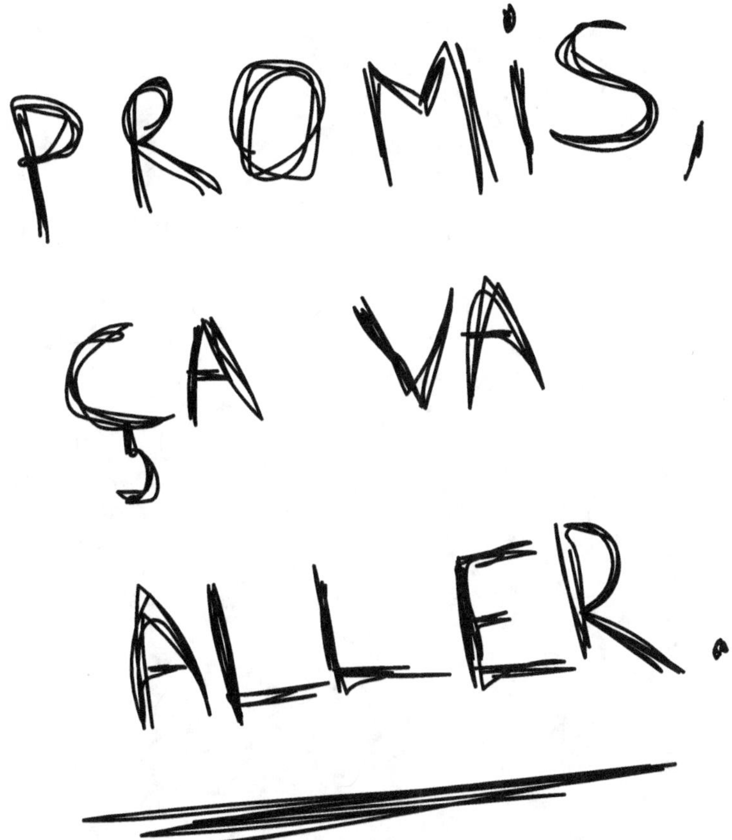

aimée fauvet

À toutes les personnes qui ont un jour cru
que partir était la seule solution.

Bonjour toi,

Je ne sais pas ce qui te pèse sur le cœur ni pourquoi tu as choisi de te procurer ce livre, mais nous y voilà !

Toi et moi, prêts à avancer ensemble vers un endroit où tout est un peu moins lourd, un peu plus beau.

En lisant ce petit livre, c'est une promesse que tu te fais : **celle que tout finira par aller.** Comme je me la suis faite, il y a deux ans alors que je pensais que tout était foutu, alors que je me disais qu'il n'y avait rien pour me sortir du noir et de la dépression que j'avais au-dessus de la tête.

Je ne te connais pas, et toi non plus, tu ne me connais pas. Pourtant, pour les heures à venir, je vais essayer de devenir ce petit souffle de vent qui écarte les nuages pour laisser passer le soleil. Je te propose un pacte : donne-moi ta main, le temps de ces pages, et avançons ensemble.

Il y a de ces jours où l'on se demande pourquoi on ouvre les yeux le matin. Pourquoi même se donner la peine de lever un pied hors du lit ? Je l'ai vécu, tout comme toi en ce moment, ou peut-être même il y a longtemps.

C'est cette sensation écrasante que rien n'a de sens.

Mais tu sais quoi ? On a tous une réserve d'espoir en nous.

Parfois, elle est bien cachée, parfois elle est à fleur de peau.

Ensemble, trouvons-la.

Moi, c'est Aimée.
Je crois que mes parents étaient des grands
blagueurs plus jeunes. Parce que depuis
petite j'ai l'impression que je ne pourrais
jamais être mon prénom.

Avant de commencer,
j'aimerais apprendre à te connaître.

Je ne sais pas toi mais moi je suis du genre manuelle.

Alors j'avais envie de te proposer, à chaque page où tu auras l'occasion d'écrire, de pouvoir les arracher. Parce que finalement, ce que tu écris ne regarde que toi.

Pour ça, les pages, comme celle que tu vois à droite, auront des pointillés pour t'indiquer que tu peux les déchirer.

En toute franchise, le titre de ce livre est un mot que je me suis écrite au lendemain d'une tentative désespérée. J'ai gardé ce bout de papier dans ma poche pendant très longtemps, au point que l'encre s'est effacée.

Mais il y a des mots que tu pourras jeter, déchirer, noyer, brûler. Tu es libre de ressentir et de vivre tes émotions comme bon te semble !

J'aimerais bien que tu fasses pareil que moi, sur la page de droite, peu importe que tu aies une calligraphie enfantine, travaillée, ou bien trop brouillon.

Écris donc **"Promis, ça va aller."**

Commençons !

Si tu vois un "?" sur un coin de page, c'est que tu es libre d'en faire ce que tu veux !

Pendant ma dépression, il y a eu des moments où je me sentais comme un oiseau avec une aile cassée, essayant désespérément de voler, mais retombant chaque fois un peu plus bas. J'avais l'impression que je ne vivrais plus jamais une seule bonne journée, et à un moment donné, je me suis demandée : pourquoi continuer ?

Ces idées noires, aussi effrayantes soient-elles, ont été mes compagnons silencieux pendant un moment de ma vie. J'en avais honte et je rêvais de trouver quelqu'un ou quelque chose pour m'aider à me sentir plus légère.

Ce livre **n'est pas une recette magique ni une solution miracle**. Si ça existait, je te l'aurais déjà donnée à la première page. C'est juste une main tendue, un regard sincère dans un monde qui semble parfois nous avoir tourné le dos pour de bon.

Je ne peux pas connaître la profondeur de ta douleur, mais je veux que tu saches que tu n'es pas seul(e). Les pages qui suivent sont l'écho des étapes de mon propre voyage, et j'espère qu'il t'aidera, même un peu, dans le tien.

Si jamais tu as des pensées sombres, je te supplie de chercher de l'aide. Que ce soit un proche, un professionnel, ou même une ligne d'urgence.

Il n'y a rien de honteux à hurler "à l'aide". Rien.

C'est comme vouloir une bouée de sauvetage pour les moments de tempête.

En France, c'est le 3114 qu'il faut appeler. 24h/24, 7j/7, gratuit et confidentiel.

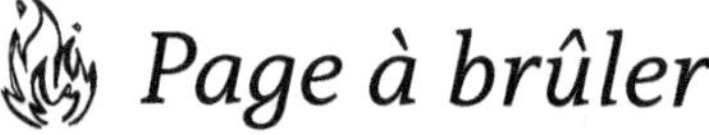 # Page à brûler

Ici, laisse-toi aller. Écris ce qui te pèse, ce qui semble insurmontable, ces pensées qui tournent en boucle dans ta tête. Lorsque tu auras tout couché sur le papier, offre à ces mots une sortie lumineuse et chaude. Trouve un endroit où tu pourras en toute sécurité transformer cette page en cendres. Imagine chaque flamme dévorant ces soucis, ces doutes. Et rappelle-toi que, tout comme le phénix, tu renaîtras de tes cendres.

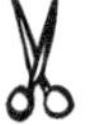 # Page à découper

Il y a des moments où on aimerait tailler dans la vie, retirer ce qui fait mal, comme avec une paire de ciseaux.

Écris ici tout ce qui t'obsède, ces ombres qui te suivent pas à pas. Une fois que tu auras transcrit ces sentiments, prends une paire de ciseaux et découpe cette page en petits morceaux, aussi petits que tu le souhaites. En coupant chaque bout, imagine-toi couper les fils qui te retiennent à ces tourments.

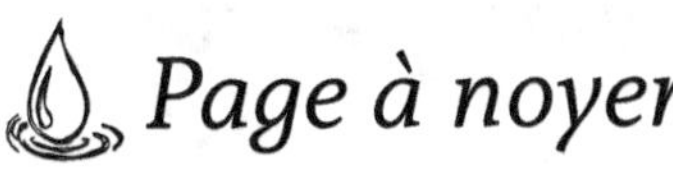 ## *Page à noyer*

La vie a parfois ce côté tumultueux, comme une mer
déchaînée.

Écris sur cette page les tempêtes qui agitent ton esprit.
Une fois cela fait, plonge cette feuille dans un récipient
d'eau. Observe l'encre s'évader, les mots se dissiper. Tout
comme cette page, tu as le pouvoir de laisser derrière toi
ce qui te submerge.

Page à plier en origami

L'art de transformer, de modeler, d'évoluer.

Prends cette page et, avec patience et délicatesse, plie-la
en suivant les instructions que je te donnerai. Chaque
pli est une étape, un défi, une émotion transformée. À la
fin, tu obtiendras une petite œuvre d'art que je t'invite à
mettre quelque part dans ta chambre pour te rappeler ta
capacité à transformer la douleur en beauté.

La distorsion de nos reflets

Il m'est arrivé de me regarder dans le miroir et de ne voir qu'une étrangère. Un visage fatigué, des yeux sans vie, un sourire éteint. La dépression a cette faculté de déformer notre vision de nous-mêmes. Elle est comme ce vieux miroir de foire qui nous présente une version déformée de la réalité.

Je me souviens d'un jour où je me suis vue si petite, si insignifiante. Chaque imperfection, chaque cicatrice semblait crier : "Tu n'es pas assez bien !". Mais le pire, c'était cette voix intérieure qui me murmurait que tout le monde autour de moi voyait la même chose.

Prends un moment pour écrire une lettre à cet(te) étranger(ère) que tu vois dans le miroir. Qui est-il/elle vraiment ? Quelles sont ses peurs, ses rêves, ses désirs ?

Cette lettre est un pas vers la compréhension de soi, une façon de reconnaître la distorsion et de commencer à voir la véritable image derrière.

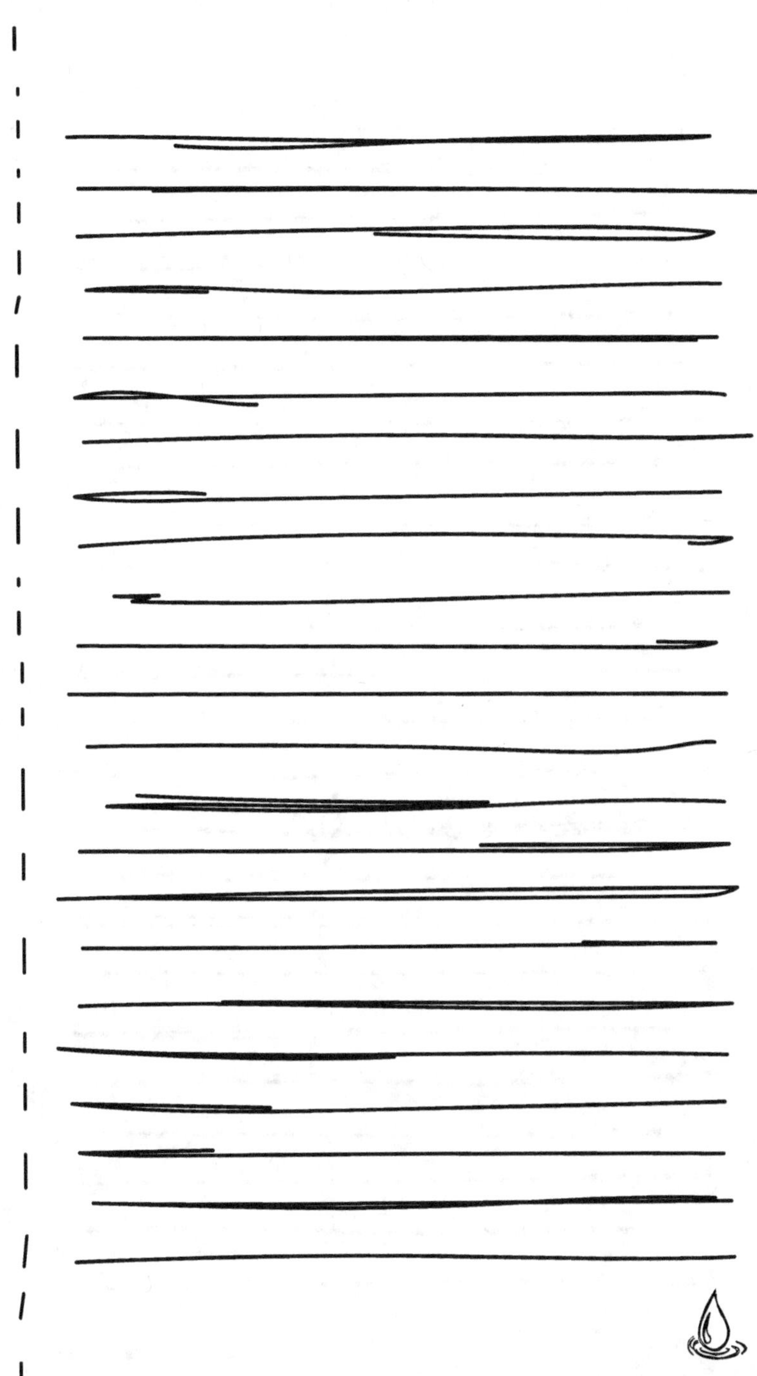

Le rire a été mon salut.

Cela peut sembler étrange, surtout lorsque l'on se sent submergé par la tristesse, mais le rire, même bref, a le pouvoir de briser la noirceur, ne serait-ce que pour un instant.

C'est pour ça que les gens les plus drôles sont souvent les plus tristes. Quand on rigole, on oublie tout.

Je ne parle pas nécessairement des grands éclats de rire, mais de ces petits moments d'amusement, ces souvenirs qui font sourire.

Un moment de mon enfance me revient souvent : une fois, lors d'une soirée pyjama, Chloé, une amie de l'école, et moi avions ri jusqu'aux larmes à cause d'une blague complètement idiote. Nous étions en train de nous préparer pour dormir, discutant à voix basse pour ne pas réveiller mes parents. Elle a essayé d'ouvrir une bouteille de soda que j'avais secouée un peu plus tôt. J'avais beau lui dire d'attendre, elle était têtue. Et bien sûr, lorsque le bouchon a sauté, le soda a explosé comme une fontaine, arrosant tout sur son passage, y compris nous deux. En une fraction de seconde nous étions prises par un rire incontrôlable. Nous étions trempées, le sol était collant, mais nous avons ri comme si c'était la chose la plus drôle au monde. C'était léger, simple, mais tellement réconfortant. Ces petits moments peuvent être de véritables bouffées d'air frais dans l'obscurité.

Penses à un moment où tu as ri, vraiment ri, sans retenue. Résume-le en 3 mots ici. Lorsque la tristesse te gagne, reviens à cette page, relis-les et permets-toi de sourire, même si c'est juste pour un court instant.

—————————— —————————— ——————

Être vue

Il y a eu des jours où la douleur à l'intérieur semblait si intense que je me demandais si elle était visible de l'extérieur. Il est curieux de constater à quel point des choses comme la dépression, l'anxiété ou le chagrin peuvent laisser des cicatrices invisibles.

Je me souviens de ces moments où j'essayais de cacher mon désarroi, en mettant un sourire forcé ou en disant "ça va" alors que rien n'allait.

Ce masque que je portais m'épuisait. Et puis, j'ai eu la chance de rencontrer quelqu'un qui m'a dit : "Je vois ta douleur, même si elle est cachée."

Ces mots ont été un véritable baume pour mon cœur. Ils m'ont rappelé que je n'étais pas seule et que d'autres pouvaient ressentir ce que je vivais.

Alors, je te le dis, toi qui me lis : "Je vois ta douleur, même si elle est cachée." Et il est temps de couper les liens avec tout l'invisible qui te pèse.

Prends cette page et écris toutes ces choses qui te retiennent, qui t'empêchent de respirer librement. Et une fois que tu as tout mis en mots, découpe chaque morceau, chaque pensée.

Quelles sont les cicatrices invisibles que tu
portes sur le cœur ?

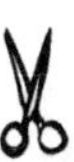

Vouloir guérir de la dépression,
c'est chercher l'endroit là où tout semble à l'envers.

Comment te sens-tu aujourd'hui ?

C'est une question si simple, mais combien de fois prends-tu vraiment le temps de réfléchir à ta réponse ? Parfois, les mots sont là, mais nous les retenons, les enfermons quelque part au fond de nous.

Voici une liste de mots, de phrases, d'émotions. Entoure ceux qui te parlent aujourd'hui. Ce n'est pas un examen, il n'y a pas de bonnes ou de mauvaises réponses. C'est juste toi et tes émotions, sur le papier.

N'hésite pas à ajouter tes propres mots si ceux que j'ai choisis ne te parlent pas. C'est ton espace, tes règles.

Ajoutes-y une date et reviens demain, entourer ton ressenti d'une autre couleur. Recommence jusqu'à ce que tu te sentes comme tu mérites de te sentir.

HEUREUX(SE)

ÉPUISÉ(E)

INDIFFÉRENT(E)

SUBMERGÉ(E)

APAISÉ(E)

ENNUYÉ(E)

ANXIEUX(SE)

CONFIANT(E)

BLESSÉ(E)

DÉTERMINÉ(E)

RECONNAISSANT(E)

SOLITAIRE

TRISTE   AIMÉ(E)

PLEIN D'ESPOIR

CONFUS(E)

PERDU(E)

INSPIRÉ(E)

EN COLÈRE

EXCITÉ(E)

Peut-être que je trouverais quelqu'un capable de m'aimer si fort que je finirai par tomber amoureuse avec moi-même.

Est-ce qu'un adieu est toujours la fin, ou peut-il être le
début de quelque chose de nouveau ?

Rose de papier

La beauté est souvent cachée dans les détails et surtout dans la façon dont on regarde les choses qui nous démarquent.

Je m'en veux aujourd'hui, mais tu sais, j'ai toujours été complexée par la couleur naturelle de mes cheveux.

Celle de la brique, que l'on aime à moquer.
La couleur ocre, que les gens ne semblent pas apprécier.
Mais aujourd'hui je me rends compte que c'est surtout celle des flammes qui réchauffent et animent tout sur leur passage.

C'est une de mes forces, parce que j'ai su transformer la façon dont je la regardais.

Alors à ton tour, d'utiliser cette page pour écrire ce qui te complexe, physiquement ou non. Une fois que tu as fini, je te propose de transformer cette douleur. Suis les étapes que je te donne *(j'ai essayé de faire au mieux !)* pour plier ce carré de page en une magnifique fleur. J'ai toujours trouvé l'origami magique !

Chaque pli représente un pas vers la lumière, vers la transformation. Une fois terminé, place cette jolie rose près de toi, qu'elle serve de rappel que tu peux toujours transformer tes complexes en force.

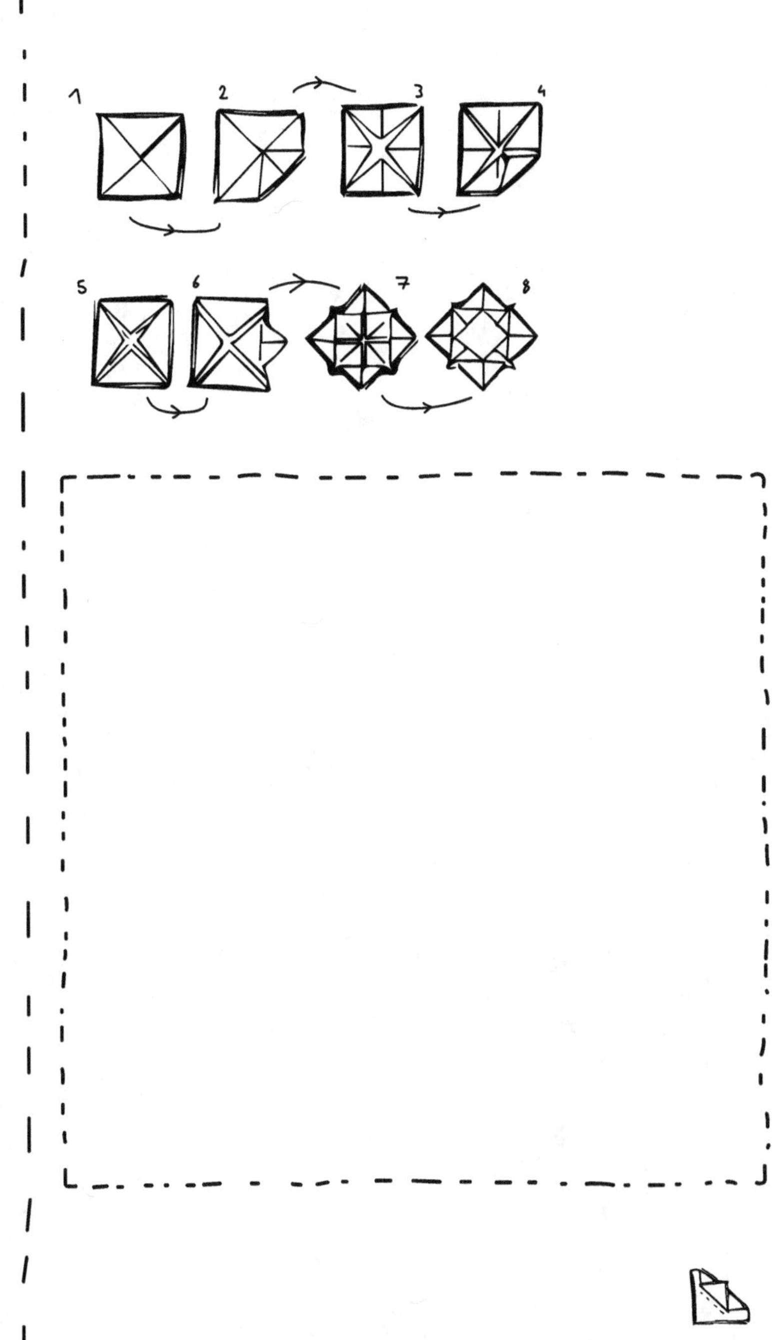

Respire.

Réconfortant

Te rappelles-tu la sensation d'une boisson chaude entre les mains par une froide journée d'hiver ? Ou peut-être la douceur d'un smoothie frais un jour d'été brûlant ? Les boissons ont cette capacité magique de nous ramener à des moments précis, à évoquer des souvenirs ou simplement à nous réconforter.

Personnellement, chaque fois que je pense à un moment de paix, mon esprit vagabonde vers le "Chocolat chaud dingo de Noël". Oui, je sais, c'est un nom plutôt amusant, tu auras peut-être la référence ! Mais c'était ma boisson fétiche pendant les vacances d'hiver. Ce n'était pas qu'une simple boisson, c'était un moment. Un moment où tout semblait simple, doux, un moment où le monde autour de moi devenait silencieux et où tout ce que je pouvais entendre était le crépitement du feu de cheminée et le doux chant des carillons.

Et toi, quelle est ta boisson réconfortante ? Celle qui te rappelle un souvenir heureux ou simplement celle qui te donne le sentiment que tout va bien, même si ce n'est que pour quelques minutes ? J'aimerais que tu la visualises.

Sur cette page, tu trouveras un mug de café à emporter, attendant d'être colorié. Imagine que c'est ta boisson préférée, celle qui te réconforte. En coloriant, laisse ton esprit s'évader vers ce moment doux et confortable. Imagine chaque détail : la texture, la température, le goût... et évidemment, la couleur.

Lorsque tu auras terminé, chaque fois que tu jetteras un coup d'œil à ce mug, souviens-toi de ce moment de paix et de réconfort. Car parfois, le bonheur se trouve dans les petites choses, comme un mug de "Chocolat chaud dingo de Noël".

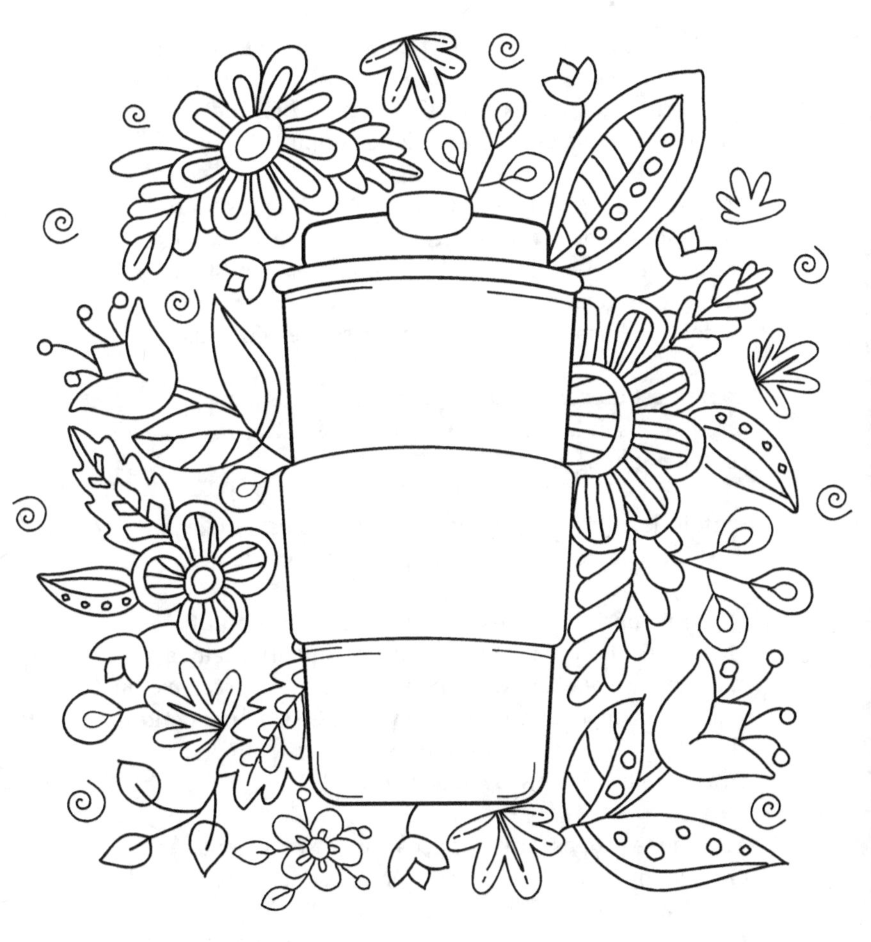

Merci pour...

Pendant deux ans, j'ai cru vivre ma vie comme une nuit sans fin, où chaque pensée sombre semblait en cacher une autre, encore plus noire. Il m'était difficile de croire que je trouverais un jour un éclat de lumière !

Mais sais-tu quoi ? Même dans les nuits les plus noires, il y a toujours une étoile, aussi minuscule soit-elle. Et c'est cette étoile qui m'a guidée vers la lumière. Il suffit parfois de lever les yeux et de la chercher, calmement. Parce que parfois elle disparaît quand on pose ses yeux dessus.

La nuit est un compagnon confortable, mais je ne pense pas que ce soit la seule chose que tu dois côtoyer. Le soleil est tellement agréable.

Parfois, lorsqu'on est submergé par la tristesse ou la peur, il est difficile de voir ce qui est positif autour de nous.

Mais j'ai appris quelque chose de puissant : la gratitude. Même dans les pires moments, il y a toujours quelque chose pour lequel être reconnaissant. Un ami précieux, un sourire échangé, un repas savoureux... Ce sont ces petites choses qui peuvent nous remonter le moral, qui peuvent être notre bouée de sauvetage.

Alors, je te propose un exercice : chaque jour, pendant une semaine, écris trois choses pour lesquelles tu es reconnaissant(e). Tu peux mettre une alarme pour te forcer à le faire au début. Tu verras, c'est comme ça qu'on trouve sa petite étoile.

Cette semaine, je suis reconnaissant(e) de :

Étoile filante en plein jour,
tu finiras par trouver ta nuit.

Vivre & partager

Ah, les émotions. Ces petites bêtes capricieuses qui vivent
en nous. Parfois, elles sont si fortes, si envahissantes,
qu'on ne sait plus quoi en faire. On les tient à distance,
derrière des portes verrouillées, de peur qu'elles ne
s'échappent et ne révèlent notre véritable nous. Et
pourtant, elles ne demandent qu'à être libérées.

Je me rappelle des moments où je me sentais tellement
dépassée que j'en devenais mutique. Comment parler de
ma tristesse sans paraître faible ? Comment partager
ma colère sans effrayer les autres ? Et comment dire à
quelqu'un que je me sentais perdue, sans savoir comment
m'en sortir ?

Peut-être as-tu des émotions que tu n'oses pas partager ?
La honte, la culpabilité, le doute ou même le désespoir ?
Écris-les ici, sur cette page. Prends des ciseaux et
découpe-la en petits morceaux. Observe chaque morceau
et imagine qu'il représente une partie de toi que tu es en
train de libérer, un fardeau en moins à porter.

Découper cette page, c'est comme déchirer un voile qui
obscurcit ton âme. C'est une façon de prendre le contrôle,
de dire : "Je ne suis pas mes émotions, mais elles font
partie de moi, et je choisis de ne pas m'y enfermer."

Quelles émotions sont les plus difficiles à partager
avec les autres pendant les moments difficiles ?

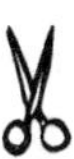

Chaque fin tient en elle le germe d'un commencement.
Un cycle sans fin, telle la lune en ses phases,

On termine pour recommencer,
on recommence pour terminer.

Au bout du tunnel

Tu sais, il y a des moments où le monde semble n'avoir plus de lumière, où chaque éclat d'espoir est comme un fil ténu sur le point de se rompre. J'ai eu des moments comme ça. Des moments où je n'arrivais même pas à me voir dans le miroir, où je me demandais pourquoi continuer.

Mais un jour, un petit rien a tout changé. J'étais assise au parc, absorbée dans mes pensées sombres, et puis il y a eu ce papillon. Oui, un simple papillon qui s'est posé à côté de moi. Je sais que cela peut sembler idiot, mais à cet instant, ce minuscule être m'a rappelé que même dans l'obscurité, il y a des étincelles de beauté, des moments de grâce. C'était comme un message de l'univers, me disant de ne pas abandonner. J'ai pleuré, beaucoup pleuré en regardant un papillon : tu te rends compte ?

Qu'en est-il de toi ? Y a-t-il eu un moment où tu as trouvé une lueur d'espoir alors que tout semblait perdu ? Écris-le sur cette page, laisse ces mots s'imprégner du papier.

Maintenant, prends cette page et plonge-la dans de l'eau. Comme tu le fais, imagine que cette eau lave tout le poids de ton âme, que ces mots s'évanouissent et emportent avec eux la tristesse, laissant place à un nouveau commencement. Noyons ces soucis, pour que tu puisses resurgir plus fort et plus éclairé.

Décris un moment où tu as réussi à trouver un brin
d'espoir, même lorsque tout semblait sombre ?

Ta bouche ne dit pas grand chose.

Mais ton cœur, lui, que se dit-il ?

Rester au lit

On a tous des journées où le soleil pourrait briller
aussi fort que possible à l'extérieur, mais dans notre
monde intérieur, c'est comme si quelqu'un avait tiré les
rideaux. Pour moi, une journée lourde ressemble à un
réveil difficile, où le lit semble être la seule place où je
suis censée être. Je manque d'énergie pour faire même
les tâches les plus simples, et les gens autour de moi
deviennent comme des silhouettes floues que je ne peux
pas atteindre.

Même mon petit-déjeuner préféré me donnerait la
nausée, et les messages sur mon téléphone restent sans
réponse parce que chaque mot à taper semble être une
montagne à gravir. Même la musique qui d'habitude me
fait du bien, devient alors un bourdonnement lointain.

Je suis sûre que tu connais ça aussi, non ? Alors prends
cette page et écris à quoi ressemble ta journée "lourde",
que ce soit le café qui perd son goût ou le sourire qui pèse
une tonne. Décris ce qui te fait sentir coincé(e), perdu(e),
peut-être même sans espoir.

Et puis, prends cette page et brûle-la.

Oui, brûle-la, en toute sécurité bien sûr. Alors que les
flammes consument tes mots, imagine que cette lourdeur
se transforme en cendres, libérant de l'espace pour les
jours meilleurs qui, je te le promets, vont venir. Les
flammes peuvent être un nouveau départ, un signe de
résilience. Laissons cette journée brûler, pour que demain
soit un jour plus léger.

Les jours "sans" ne doivent pas remplacer les jours "avec".

À quoi ressemble une journée "typique" lorsque tu sens
que les choses sont particulièrement lourdes ?

"Pourquoi l'amour fait-il si mal ?", hurle la tête.

"Parce qu'il nous rend humains !", dit le cœur.

S'envoler

L'envol est souvent perçu comme une échappée belle, un moment de liberté.

Tu sais, j'ai longtemps eu peur de prendre la parole en public. Mes joues rougissaient, ma voix tremblait, chaque mot semblait être une lutte. Mais un jour, j'ai réalisé que chaque fois que je parlais, je prenais mon envol, je libérais une partie de moi.

Ma voix, c'était mes ailes, et j'ai appris à les déployer.

Quand nous sommes enfants, on nous dit souvent de rêver haut, de viser les étoiles. Parfois, en grandissant, nous oublions cet appel de l'infini, cet élan qui nous poussait à croire en nos envies les plus folles. Mais à l'intérieur, cet enfant est toujours là, prêt à s'envoler à nouveau.

Aujourd'hui, c'est ton tour. Écris sur cette page ce qui te retient, ce qui t'empêche de prendre ton envol. Une fois que tu as terminé, utilisons cette page pour créer ensemble un objet que tu pourras garder. Je te guide à travers les étapes pour transformer cette page en un bel oiseau. À chaque pli, imagine-toi gagnant de la hauteur, de la liberté.

Une fois que ton oiseau est prêt, laisse-le voler près de toi, rappelle-toi que tu as toujours la capacité de prendre ton envol. Toujours.

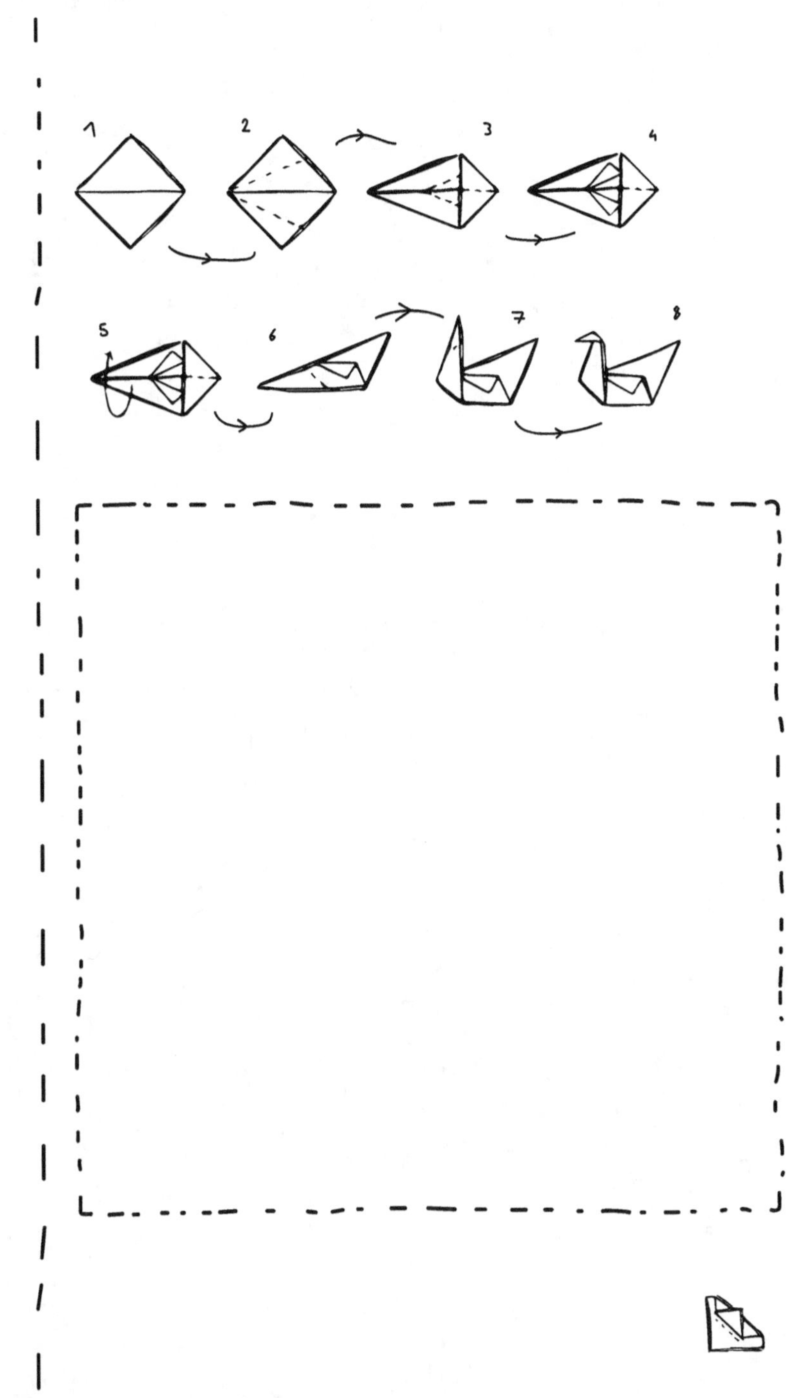

Si la vie est un livre, chaque page tournée est une étape
du voyage. Le dénouement n'est doux que parce qu'on a lu
tous les chapitres.

Sans crier "gare !"

Je sais que tu as déjà rencontré ces émotions qui te sautent dessus à l'improviste. Des sentiments qui débarquent sans frapper à la porte, qui te prennent en embuscade en plein milieu de la journée, que tu sois prêt ou non. Pour moi, c'est souvent l'anxiété qui me surprend, en pleine réunion ou pendant un dîner tranquille. Elle se faufile dans mes pensées et, avant même de m'en rendre compte, j'ai le cœur qui bat la chamade et les tempes qui brûlent.

Je parie que tu connais ça aussi, n'est-ce pas ? Ces émotions qui ne demandent pas la permission avant de débarquer. Alors, prends cette page pour les appeler par leur nom. Écris chaque émotion qui te surprend, qui t'envahit sans être invitée.

Ensuite, une fois que ces émotions sont là, écrites en noir et blanc, noie cette page.

Plonge cette page dans de l'eau et observe l'encre se diffuser, observe ces mots et ces émotions se diluer, devenir moins tangibles, moins menaçants. Laisse-les disparaître comme l'encre dans l'eau.

Vois-tu ? Tu viens de prendre le contrôle, même si ce n'est que pour un instant, même si c'est symbolique.

Et parfois, un petit acte symbolique suffit pour se rappeler qu'on a du pouvoir, même quand les émotions tentent de nous le faire oublier.

Quelles émotions t'attaquent parfois
par surprise ?

Dans le silence de l'absence,
Un cri résonne, l'écho d'un adieu.
Mais en chaque vide,
Il y a la place pour un nouveau plein.

Attrape-moi si tu peux

Culpabilité.
Mon vieux démon.
Elle s'infiltre, sournoise, grignote l'instant présent.
Une ombre froide sur un cœur chaud.

À toi, maintenant.
Écris cette émotion que tu fuis.
Laisse l'encre noircir le papier,
que ton fardeau s'y imprègne.

Allume une flamme, petite mais puissante.
Vois ta peur se consumer, se muer en cendres,
se dissiper dans l'air.
Une fin, un début.
Une renaissance dans le feu.

Y a-t-il une émotion que tu cherches
souvent à éviter ?

Amour éphémère
Comme les feuilles en automne
Chute, puis renaît

Danse, danse, danse

Une toile invisible, un pinceau silencieux.
Voilà comment je peins mes sentiments les plus profonds.
Des couleurs invisibles qui ne se révèlent qu'à l'âme.

Imagine-toi en artiste d'un jour, d'une vie.
Prends ce crayon, cette page, et laisse l'émotion se
transformer en art.
Des lignes, des formes, des couleurs
                                        — tout ce qui te parle.

Quand l'art rencontre l'émotion, il naît quelque chose
d'inexprimable, d'immortel.
Alors dessine, même si ce n'est qu'un gribouillage, même
si ce n'est pas parfait.

Parce que la perfection, c'est ennuyeux, mais l'émotion,
elle, est éternelle

Si tu pouvais exprimer tes émotions sur du papier,
à quoi ressemblerait cette création ?

Dans l'ombre de la nuit, je cherche la lumière,
Le fardeau de mon âme pèse trop lourd ce soir.

Demain, peut-être, renaîtra la lumière claire,
Et je verrai le jour au bout du long couloir.

Croire en soi

Ah, les sceptiques, les négatifs, ceux qui n'ont pas cru en toi. Nous en avons tous rencontrés, n'est-ce pas ? Qu'ils fassent partie de ton cercle familial, de tes amis, ou même de tes collègues, leurs mots ont laissé des traces, des cicatrices.

Écris ici ce que tu aimerais leur dire. Ces mots ne sont pas pour eux, ils sont pour toi. Une façon de purger le feu qu'ils ont allumé en toi, pour que tu puisses avancer avec plus de légèreté.

Quand tu auras fini, prends cette page, trouve un endroit sûr, et brûle-la. Laisse les flammes consumer ces mots et libérer leur emprise sur toi

Ce que tu dirais à ceux qui n'ont pas cru en toi.

Je cherche dans tous les endroits où je ne suis pas
de quoi me retrouver.

À malin...

Le renard est souvent vu comme un animal malin,
observateur et rusé.

Il y avait une époque où j'étais trop souvent dans l'ombre,
où je me sentais perdue dans le grand théâtre de la
vie. Mais tout comme le renard, j'ai appris à observer,
à comprendre mon environnement et à trouver des
solutions à mes problèmes.

La ruse, ***ce n'est pas de tromper,*** c'est d'utiliser sa
créativité pour surmonter les obstacles.

Souvent, le monde extérieur peut sembler complexe, un
labyrinthe d'émotions, d'attentes et de défis. Comme le
renard dans la forêt, nous apprenons à suivre les signes, à
écouter notre instinct, à avancer pas à pas avec confiance
et détermination.

Alors, sur cette page, écris ce qui te semble insurmontable
en ce moment. Puis, avec moi, transforme ce challenge
en quelque chose de tangible, d'artistique. Suis les étapes
pour plier cette page en un renard malicieux.

Chaque pli, chaque tournant symbolise un détour que tu
peux prendre dans ta vie. Une fois que ton renard est créé,
laisse-le te guider et rappelle-toi que tu peux être tout
aussi malin pour naviguer dans ta vie.

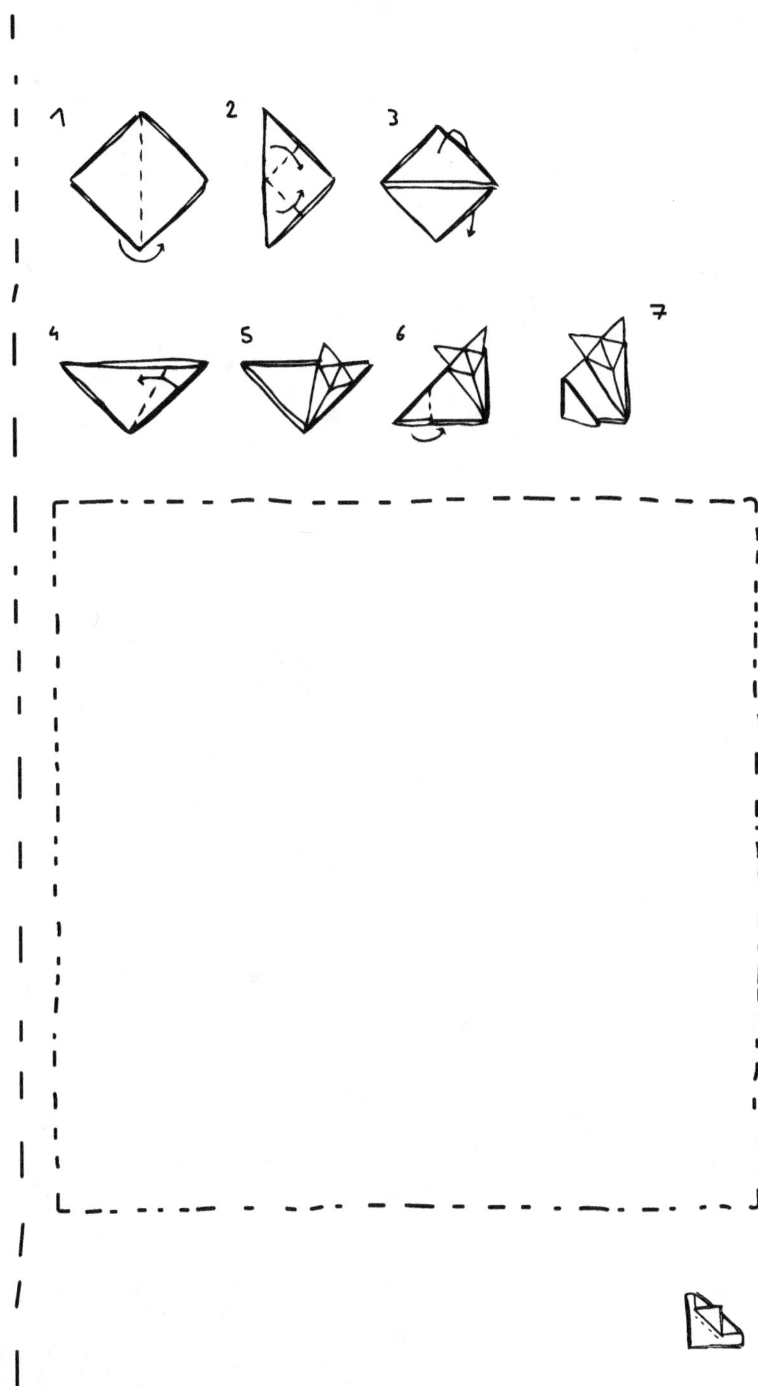

Arrivera, absurde ou admirable,
Aucun argument n'altérera son allure.

Noyer du noir

Tes traumatismes, ces marques indélébiles sur ton âme.
Ici, tu leur donnes une voix. Pose leurs contours sur cette
page. Ne laisse pas l'encre s'asseoir trop longtemps.

Après, plonge la page dans l'eau. Vois comme les mots se
diluent, comme les douleurs se dissipent, même si c'est
juste pour un instant. Noie-les, laisse-les s'évanouir dans
l'abîme liquide.

As-tu un trauma
dont tu voudrais guérir ?

Dans le tunnel noir, un point lumineux

—

Ne le sous-estime pas, c'est l'espoir silencieux.

À mon enfant intérieur

Je me souviens de la petite fille que j'étais. Rêveuse, joueuse et surtout libre de ses pensées négatives. Parce que les pensées négatives quand on est enfant, ça n'existe que dans les histoires de monstres sous le lit.

Cette enfant qui savait s'émerveiller devant les petites choses, qui ne se souciait pas du jugement des autres. Si forte à cache-cache qu'elle s'est perdue au plus profond de mon être.

Je lui ai écris beaucoup de lettre, j'en ai gardé quelques unes. Mais la plupart a terminé en morceaux.

Peut-être que tu peux écrire à cet enfant que tu étais, toi aussi ?

Lorsque tu as terminé, prends un moment pour lire la lettre à voix haute. Puis déchire-la en morceaux, et laisse chaque morceau s'envoler comme une feuille au vent, chaque mot porté dans l'Univers est comme une promesse à cet enfant en toi.

Tu as grandi, tu as évolué, mais cet enfant restera toujours une part de toi. Et c'est en le reconnaissant que tu te permets d'avancer.

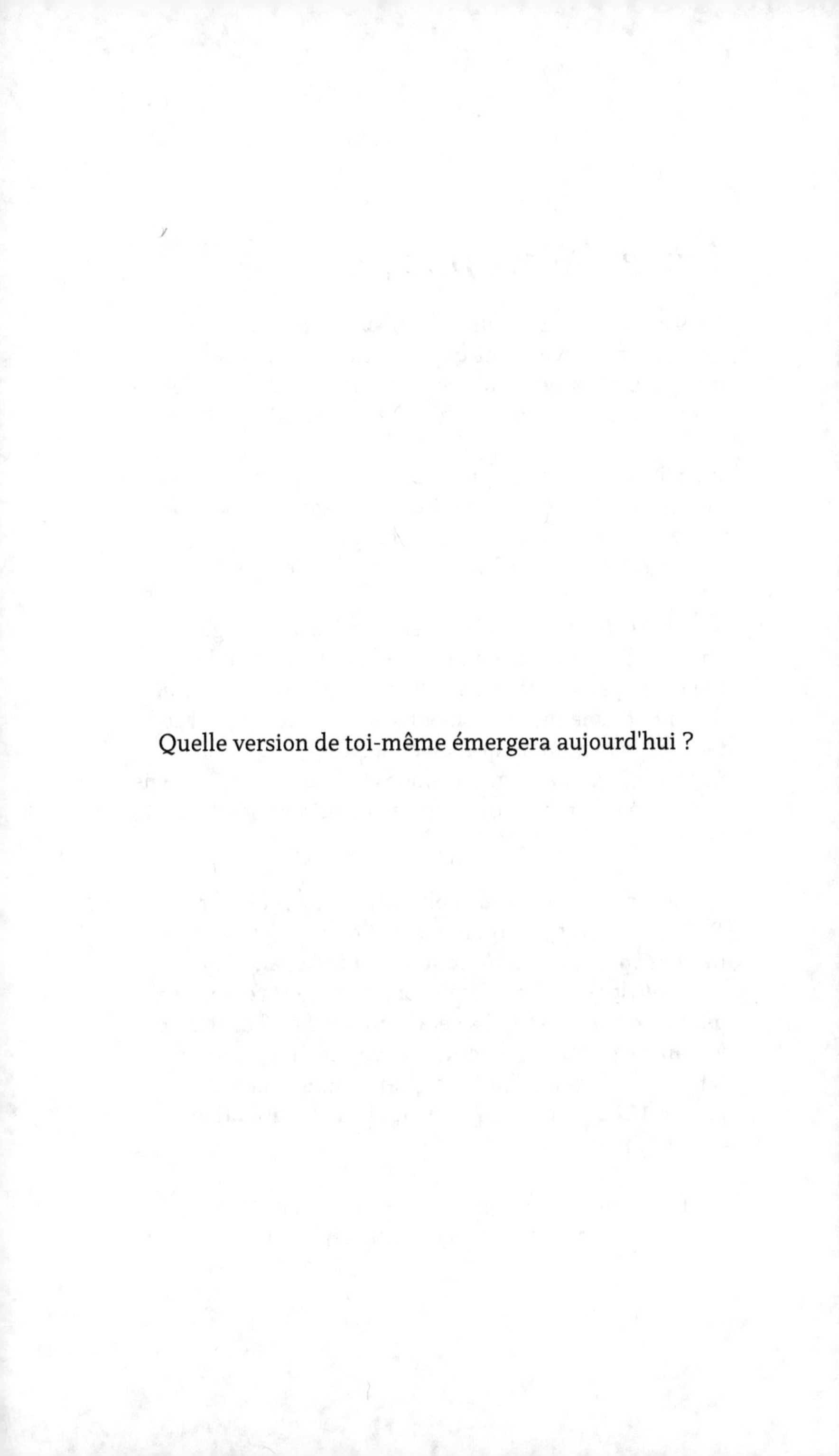

Quelle version de toi-même émergera aujourd'hui ?

Faire fleurir nos fiertés

Le printemps est souvent le symbole d'un renouveau,
d'une renaissance. Alors que la nature s'éveille, les
bourgeons éclatent et les fleurs déploient leurs pétales,
nous aussi, nous avons le droit à notre renaissance.

Imagine un instant que tu es une de ces fleurs. Au cœur
de l'hiver, tu pourrais penser que tout est fini, que rien
de beau ne se passera plus. Mais le printemps arrive,
toujours. Et c'est le moment où tu brilles le plus.

Au centre de cette page, tu verras un espace vierge,
entouré d'un ballet printanier de fleurs et de feuilles. C'est
ton cadre personnel, ton sanctuaire. Je t'invite à écrire,
dessiner ou même simplement gribouiller ce qui te rend
fier, ce qui te rend unique, ou simplement un souhait
pour ton futur. Peut-être quelque chose que tu n'as jamais
osé dire à haute voix, ou un rêve que tu caresses depuis
longtemps.

Et maintenant, la partie la plus amusante : colorier !
Oui, je sais, c'est surprenant de colorier ! Je parie que tu
n'as pas colorié quoi que ce soit depuis l'enfance. Mais
tu te souviens comme c'était cool ? Laisse-toi emporter
par les couleurs. Remplis cet entourage floral de teintes
vibrantes, mélange les couleurs comme tu le ressens.
Il n'y a pas de règles, juste toi, ton cœur et l'instant
présent. Chaque trait de couleur est une affirmation, une
célébration de toi.

N'oublie jamais que, comme le printemps, tu peux
toujours te renouveler, te refaire et resplendir.

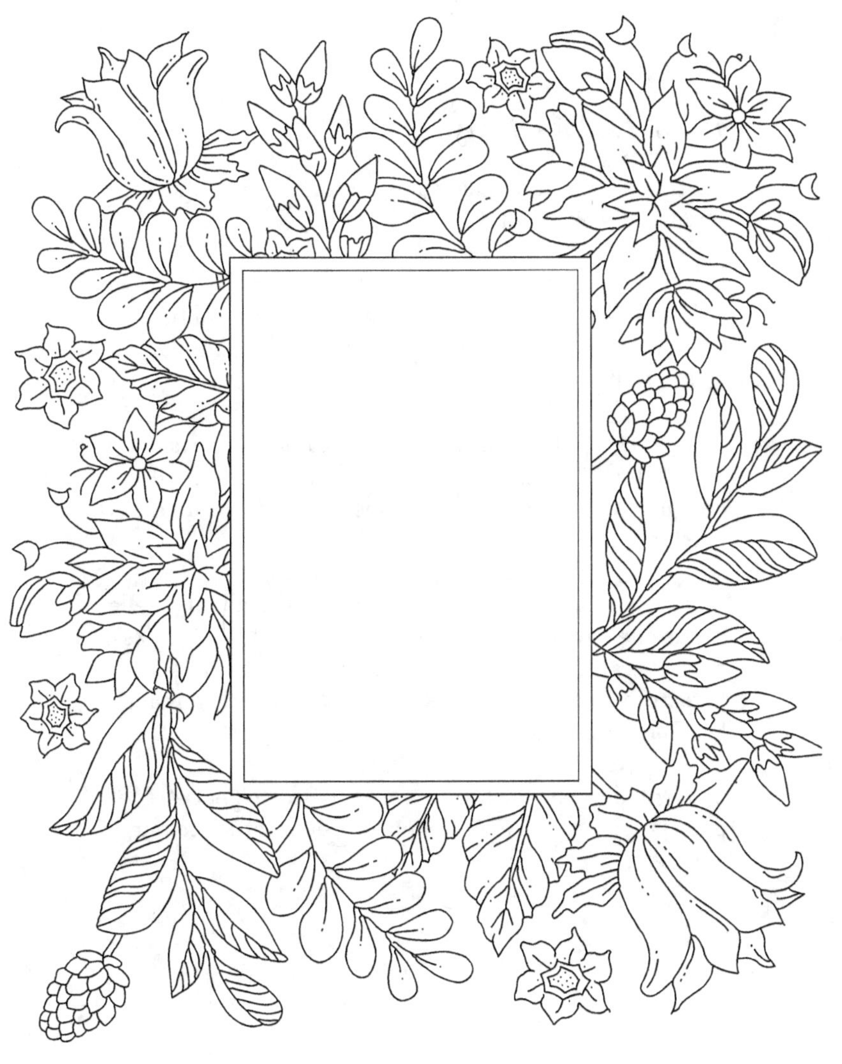

Mélancholuie

Ma tristesse est une nuée bleu-gris, une couleur que j'ai nommée "Melancholuie."

Imagine ça, un croisement entre le bleu d'un ciel d'orage et le gris de la cendre, mêlés d'une manière si subtile qu'on ne peut pas vraiment dire où l'un commence et où l'autre finit.

La texture ? Celle d'un vieux pull en laine que tu as porté trop de fois, légèrement rugueux et inconfortable. Le son, c'est une mélodie en mineur jouée sur un piano, douce et lancinante.

Maintenant, à toi. Si ta tristesse avait une couleur, quelle serait-elle ? Invente ta propre couleur, et ne te gêne pas pour être aussi créatif ou absurde que tu le souhaites. Et la texture ? Le son ? Prends un moment pour le dessiner, le colorier ou le noter.

Souvent, donner une forme à notre tristesse peut être le premier pas vers la compréhension, et éventuellement, la guérison.

*Si ta tristesse avait une couleur, une texture ou un son,
comment la décrirais-tu ?*

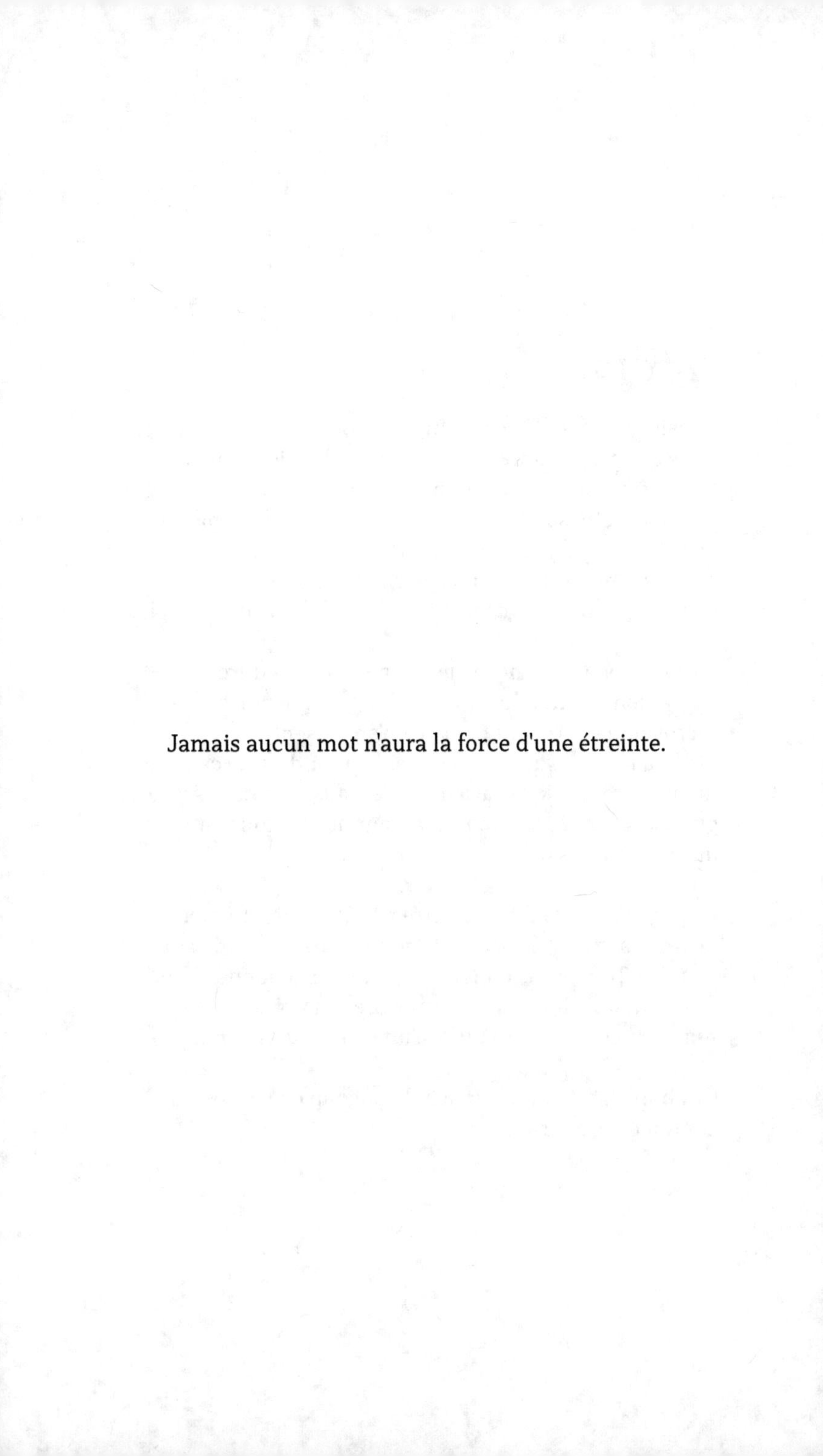

Jamais aucun mot n'aura la force d'une étreinte.

À l'aide

Je sais, c'est dur. Ça pèse. Tu te retrouves souvent à errer dans ton propre univers, un monde silencieux où la dépression te confine comme une prison invisible. Le poids de cette souffrance se fait souvent tellement lourd qu'il devient impossible de le partager, même avec ceux qui te sont chers. On a tous vécu ces moments où la simple idée de dire "ça ne va pas" semble insurmontable.

Tu sais, il y a une chose que j'ai apprise à la dure : l'isolement nourrit la douleur. Et il y a une puissance incroyable à dire tout haut ce qu'on ressent. Je t'invite, alors, à la page suivante à briser ce mur de silence. C'est un pas difficile, je le sais, mais c'est aussi un pas vers la guérison, vers le soutien et l'amour qui t'entourent mais que tu n'arrives peut-être pas à voir.

La page suivante est une lettre à tes proches. Remplis-la de tes maux, de tes peurs, de cette douleur sourde qui t'habite. Tu n'es pas dans l'obligation de la donner à son destinataire... Mais si tu te sens prêt ou prête, tu peux remettre cette lettre à quelqu'un en qui tu as confiance.

Ce simple geste peut changer beaucoup de choses, à commencer par toi.

Les mots que tu aimerais leur dire.

Un soir j'ai compris qu'il y avait des silences
bien plus bruyants que les pleurs.

Mais pas entièrement...

Je sais que tu n'as pas pu dire tout ce que tu avais dans le cœur sur les pages précédentes.

Ici, c'est ton endroit à toi.

*Quelle est la chose que tu ne peux
pas dire à voix haute ?*

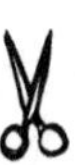

Un jour, je te jure, tu te rendras compte que tout
ça valait le coup.

Les yeux fermés

Les paupières, voiles secrets de l'âme.

Fermées, elles cachent tes rêves;
ouvertes, elles exposent ton regard au monde.

Si elles pouvaient parler, que diraient-elles ?

Qu'est-ce que tu aimerais que les
gens lisent sur tes paupières ?

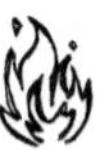

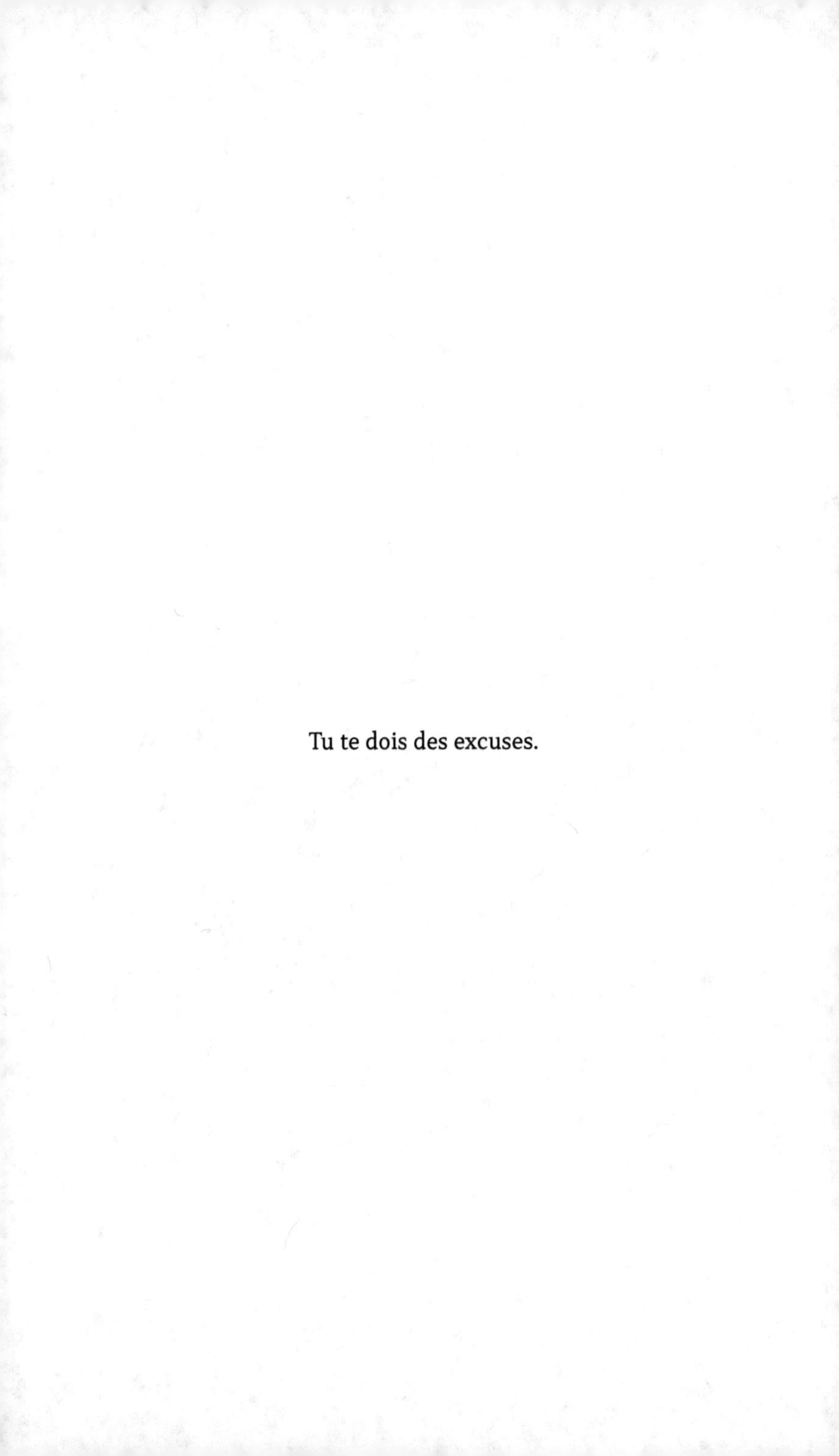

Tu te dois des excuses.

*Quand et pourquoi as-tu pleuré
pour la dernière fois ?*

Pas besoin de les essuyer :
il n'y a rien de plus beau que des larmes
qui sèchent à l'air libre.

Je te le dis,
avant de te quitter :

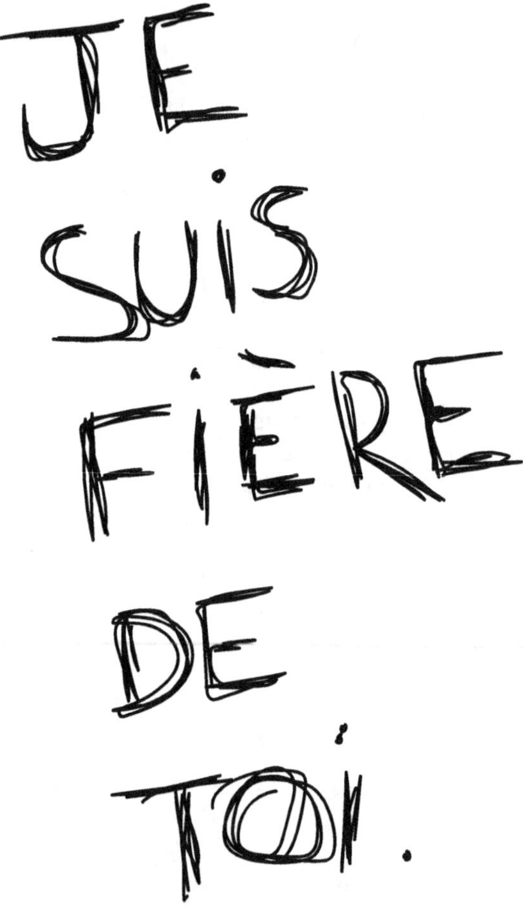

À ton tour de te le dire,
puis de fermer ce livre.

4. .5   3.   2.   3.   .5
3. .6   .4   .3   2. .4 .6
2.   2. .5   1.   1. .7
1.   1. .6   4

.   2 1
.3   .3
— .2   .4   .1
.1   6 .5   .2

2. 1.   3.   1.   5.   3.
3.   2. .4   2. .4.   2. .4
4. 6 3   1 5   3.   1.   .5
.8 .7
8

3.   .1   .1   2. 1.   3.
                        .2   3. .4   2. .5 .4
2.   .4   .2   1. 6
1.   .5   .3 4 3   4 .5   6   1. .6

www.ingramcontent.com/pod-product-compliance
Lightning Source LLC
Chambersburg PA
CBHW070905260726
48661CB00004B/1607